Mi primer
Camino de Santiago

MARÍA SECO

Spanish for the Camino

For more information, email:
marias@spanishforcamino.com
www.spanishforcamino.com

ISBN: 9798808295216

Cover design by: María Seco
Scallop image: Flaticon.com

Índice

About this book

The Camino Inglés was my first Camino, and I used my experience as inspiration to write this book.

If you're familiar with this route, you will recognise towns, landmarks and other details.

However, this is a fictional story, and all the events and characters depicted are fictional too.

Before you start reading, let me tell you a couple of things about the book:

Chapters are short, so you don't get overwhelmed. Of course, you can read the whole story in one go if you so wish.   But you can also take your time to read and pay close attention to the language in each chapter.

A chapter a day, maybe? That would be a great way to start creating your Spanish learning routine, if you don't have one already.

The story is **carefully written at a beginner level** (A1-A2), using simple, short sentences and vocabulary you will encounter on a daily basis, whether it's on the Camino de Santiago or in your travels around Spain.

The **topics covered** and language used are those you would use on a daily basis on the Camino: getting accommodation, ordering food, going into shops and pharmacies, asking for directions...

Each chapter includes a short **Spanish-English glossary** to help you with the most difficult words.

- Nouns in Spanish are either masculine or feminine and this can affect other words that accompany them. So, I've added el or la in brackets after nouns.

- Many adjectives have a masculine and a feminine form, to match the noun they're referring to. You will see adjectives ending in -o/a to indicate this. In those cases, -o represents the masculine form, -a the feminine.

– I've listed verb forms as they appear in the text, but I've also included the infinitive in brackets, so you know what verb they belong to.

You will find a full list of every chapter's vocabulary at the end of the book.
On this list, words are organised in alphabetical order. The number in brackets after the translation indicates the chapter in which that word can be found.

There are also a couple of blank pages at the end of the book that you can use to write down your vocabulary.

And if you'd like to get even more Spanish practice, you can now download an **exercise booklet** with 40 reading comprehension questions. Simple questions with multiple choice answers. In Spanish. For free.

And the answers too, of course. Because, what's the point of doing an exercise if there's no way to know whether all your answers are correct or not.

Scan the following QR code or go to:
https://form.jotform.com/mseco/camino-novel

Happy reading!

1 Quiero hacer el Camino

¡Quiero hacer el Camino de Santiago!
He visto un programa en televisión sobre el
Camino. Parece una experiencia muy interesante.
Cada persona camina por motivos diferentes y
para la mayoría es algo transformador.

Creo que necesito hacerlo. Siento que necesito
cambiar algo en mi vida y el Camino me puede
ayudar a tomar decisiones.

Pero disculpa. No me he presentado.
Me llamo Emma y soy irlandesa. Vivo en Dublín, la
capital de Irlanda. Tengo casi 40 años. Estoy
soltera y vivo sola. Mis padres viven en una
pequeña ciudad en el sur del país.

Tengo un hermano mayor que está casado. Mi hermano y su mujer también viven en Dublín y tienen dos hijas, mis sobrinas.

Trabajo en una oficina pero no me gusta mucho mi trabajo; es un poco aburrido. Quiero hacer algo diferente, pero tengo miedo y muchas dudas.

Hacer el Camino me puede ayudar a tomar decisiones sobre mi vida. Pero tengo muchas preguntas:
¿Es mejor hacer el Camino sola?
¿Con una amiga?
¿Con un grupo?

No sé. He ido de vacaciones muchas veces. Pero nunca he viajado sola. Necesito buscar información antes de tomar una decisión.

Vocabulario

parece (parecer) it seems, it looks like
no me he presentado (presentarse) I haven't
introduced myself
casi almost
soltero/a single
casado/a married
ciudad city
mejor better

2 ¿Qué Camino hago?

He buscado información en internet y he descubierto que hay una asociación del Camino en Irlanda. Tienen un centro de información en Dublín.

El sábado voy en autobús al centro de la ciudad y busco esta oficina de información. Allí hay un voluntario que tiene bastante experiencia en el Camino. Yo le hago muchas preguntas y él me da mucha información muy útil. ¡Estupendo!

Descubro que hay muchos Caminos, muchas rutas diferentes por toda España. El Camino Francés es solo una de estas rutas.

Descubro también que hay un Camino Inglés, que hacían los peregrinos irlandeses en el pasado: en barco hasta la costa de Galicia, en el noroeste de España, y andando desde la costa hasta Santiago de Compostela.

No es un Camino muy largo. Puedo hacerlo en cinco o seis días. Esto me parece más fácil que caminar durante semanas. El voluntario me dice que es seguro hacer el Camino sola, que muchas mujeres caminan solas cada año.

También me dice que es un poco difícil encontrar hablantes de inglés en esta ruta. ¡No importa! Hablo español bastante bien.

Pero no sé. Necesito un poco de tiempo para pensar y procesar toda la información.

Vocabulario

he descubierto (descubrir) I have found out
(la) pregunta question
útil useful
en barco by boat
seguro safe
¡No importa! it doesn't matter

3 Mi mochila

Está decidido. ¡Voy a hacer el Camino Inglés!

Necesito comprar algunas cosas. No tengo una buena mochila y mis zapatillas de deporte están demasiado viejas.

El lunes por la tarde después de trabajar voy a una tienda de deportes y compro una mochila. Compro también un par de zapatillas y varios pares de calcetines. No necesito comprar ropa. Tengo varias camisetas, chaquetas y pantalones que puedo usar.

El voluntario de la asociación me ha recomendado no llevar demasiadas cosas. Es un buen consejo. No quiero una mochila demasiado pesada.

También necesito prepararme físicamente.
A veces voy a caminar por la playa, pero no tengo experiencia en caminatas tan largas como el Camino de Santiago.

Miles de personas hacen el Camino cada año. Muchos andan más de 800 km desde Francia. Otros empiezan su Camino más lejos todavía. Pero a mí, caminar más de 100 kilómetros me parece difícil. Por eso empiezo a entrenar.

Intento caminar una hora más o menos todos los días, cuatro o cinco kilómetros. Los fines de semana hago caminatas más largas de entre diez y quince kilómetros: a veces voy a las montañas con amigos, otras veces camino por la costa. Algunos días, llevo la mochila con todas mis cosas para acostumbrarme a cargar todo ese peso.

Vocabulario

lejos far
(el) consejo advice
pesado/a heavy
demasiado (+adjective) too; (+noun) too much, too many
entrenar to train
intento (intentar) I try

4 Planifico mi Camino

Los fines de semana entreno. De lunes a viernes, hago planes.

He leído varias páginas web sobre el Camino Inglés, he encontrado algún foro en internet y varios grupos de Facebook. Hay muchos peregrinos experimentados en estos sitios y es posible hacer preguntas.

Después de leer toda esta información he decidido hacer el Camino en seis días.

Empiezo en Ferrol. De Ferrol a Santiago hay 114 kilómetros más o menos. Las dos primeras etapas son más cortas: de Ferrol a Neda hay 15 km aproximadamente y de Neda a Pontedeume hay 16 km.

Algunas personas van de Ferrol a Pontedeume en un día, pero yo no tengo prisa. Prefiero ir más despacio.

Después hay unas etapas más largas: 21 km de Pontedeume a Betanzos, 28 de Betanzos a Hospital de Bruma y 25 a Sigüeiro. La última etapa es más corta. Son solo 16 km.

En esta ruta hay mar, montaña, bosques y varios pueblos importantes. Pero ninguna ciudad grande. ¡Estoy deseando empezar!

Vocabulario

varios several
(la) etapa stage
tengo prisa I'm in a hurry
despacio slowly
largo/a long
corto/a short

5 Los billetes

Quiero hacer el Camino en septiembre por varios motivos: hace menos calor que en julio y en agosto, pero todavía no hace frío.

Además es mi cumpleaños. El 18 de septiembre cumplo 40 años. Quiero terminar el Camino el día de mi cumpleaños. Empieza un año nuevo para mí y quiero un año diferente. Necesito algún cambio en mi vida.

Así que empiezo a planificar mi viaje. Ir en barco, como los peregrinos del pasado, no es una buena opción porque no hay ferry de Irlanda a Galicia. Lo mejor es ir en avión. Hay vuelos directos de Dublín a Santiago. ¡En dos horas estoy en España!

Después, en Santiago, puedo coger un tren o un autobús hasta Ferrol.

Compro un billete de avión por internet. Es un billete de ida y vuelta y es bastante barato. Salgo de Dublín el 12 de septiembre. Regreso el 21. Solo necesito 6 días para hacer el Camino, pero quiero pasar un par de días en Santiago después de terminar.

Pido vacaciones en el trabajo. Casi todos prefieren irse de vacaciones en julio o en agosto, así que no hay problema.

También calculo cuánto dinero voy a necesitar. Creo que trescientos o cuatrocientos euros son suficientes para toda la semana. Tengo mochila, tengo billetes, tengo dinero, tengo un plan... ¡Voy a hacer el Camino!

Vocabulario

(el) motivo reason
(el) cumpleaños birthday
(el) vuelo flight
(el) billete ticket (in a different context it can also mean bank note)
de ida y vuelta return (ticket)

6 En el avión

¡Por fin es septiembre!

Mañana viajo a España para hacer el Camino Inglés. ¡Estoy muy ilusionada pero también un poco nerviosa! Es la primera vez que hago algo así y no sé si voy a ser capaz.

Mi hermano me lleva al aeropuerto.
Antes de salir compruebo que tengo todo: el pasaporte, los billetes, la mochila... no tengo credencial pero me han dicho que es fácil conseguir una en Ferrol.

Ya tengo la tarjeta de embarque y no necesito facturar la mochila. Así que miro en una pantalla cuál es mi puerta de embarque y voy hacia el control de seguridad. No hay mucha gente y termino rápido.

Tengo un asiento de pasillo. La mujer que está en el asiento de al lado también lleva una mochila.
—¿Vas a España para hacer el Camino? —me pregunta.
—Sí.
—Yo también. Es mi tercer Camino. En esta ocasión voy a hacer el Camino Primitivo desde Lugo. ¿Y tú?

Le explico que voy a hacer el Camino Inglés, que es mi primer Camino y que estoy un poco nerviosa.

—No te preocupes —me dice. —Yo siempre he empezado mis Caminos sola y nunca he tenido problemas. Además, he conocido a gente estupenda. Te va a encantar la experiencia.

Las dos horas del vuelo pasan volando.

La conversación con esta mujer me tranquiliza bastante y me siento más segura. Pero llegamos a Santiago y debemos seguir caminos diferentes.

Vocabulario

compruebo (comprobar) I check
(la) tarjeta de embarque boarding pass
(la) pantalla screen
(el) asiento seat
tercer third

7 Quería un billete

Decido ir en taxi hasta la estación de autobuses. Al llegar a la parada, veo otra vez a la mujer del avión. También quiere ir a la estación de autobuses. Decidimos compartir un taxi.

—¿A dónde? —nos pregunta el taxista.

— A la estación de autobuses.

El viaje hasta la estación es corto. Pagamos al taxista y nos despedimos.

Necesito un billete para Ferrol. No lo he podido comprar por internet. Encuentro la ventanilla de la empresa de autobuses que cubre esa ruta y veo que está abierta.

La persona que trabaja allí no habla inglés. ¡Menos mal que sé hablar español!

—Buenas tardes, quería un billete para Ferrol.
—Buenas tardes, el próximo autobús sale a las 17:15. ¿Le parece bien este? Si no, hay otro a las 18:40 y el último es a las 20:40.
—El de las 17:15 está bien.
—¿De ida y vuelta?
—No, solo de ida.
—Aquí tiene. Son quince euros. El autobús sale de la dársena cuatro.
—Gracias.

Busco la dársena cuatro y espero. Por fin llega el autobús, que tarda una hora y veinte minutos aproximadamente en llegar a Ferrol. Subo y elijo un asiento de ventanilla, para poder ver el paisaje. Es muy diferente a lo que conozco de España, el sur y la costa mediterránea. Se parece un poco a Irlanda.

No veo en el autobús a nadie con mochila y ropa deportiva y me pongo nerviosa otra vez. ¿Habrá más peregrinos en el Camino Inglés? ¿Y si estoy yo sola? Intento tranquilizarme y disfrutar del paisaje, pero es difícil.

Por fin llegamos a Ferrol. He reservado un alojamiento para la primera noche. Voy andando desde la estación de autobuses hasta mi hotel. No está muy lejos y lo encuentro fácilmente.

Vocabulario

compartir to share
nos despedimos (despedirse) we say goodbye
(la) empresa company
por fin finally
(el) alojamiento accommodation
me pongo nerviosa I get nervous

8 El hotel

La entrada del hotel no es muy grande. En la recepción hay un hombre joven de unos veinticinco años. Esta vez no pregunto si habla inglés; decido aprovechar mi Camino al máximo y hablar solo español.

—Buenas tardes. Tengo una reserva a nombre de Emma Brennan para esta noche.

—Buenas tardes. Un momento... sí: una habitación individual con baño, ¿verdad? Necesito ver su pasaporte, por favor.

—Sí, aquí tiene.

—Muy bien. Aquí tiene la llave de su habitación. Es la número 12; está en la primera planta. El desayuno está incluido en el precio. Se sirve en el comedor de 7:00 a 10:00. El comedor está al final de este pasillo.

—Gracias. ¿Tiene un plano de la ciudad?

—Sí. Mire, nosotros estamos aquí. La oficina de turismo está aquí, cerca del puerto. El inicio del Camino está al lado.

Subo a mi habitación por las escaleras. El hotel tiene ascensor, pero mi habitación está en el primer piso y necesito estirar las piernas después del viaje.

La habitación no es muy grande, pero está limpia y tiene todo lo que necesito: una cama, una mesa, una silla y un cuarto de baño para mí sola.

Dejo la mochila en la silla y salgo a explorar la ciudad. Algunas zonas están bastante viejas y descuidadas, pero también hay edificios muy interesantes.

Después de pasear por Ferrol, ceno algo ligero en un bar, vuelvo al hotel, me ducho y me acuesto.

¡Mañana empiezo el Camino de Santiago!

Vocabulario

(la) llave key
(el) inicio start, beginning
(las) escaleras stairs
(el) pasillo corridor
estirar to stretch

9 ¡Buen Camino!

Estoy nerviosa y no duermo bien. Me despierto varias veces durante la noche. A las 7:30 me levanto, recojo mis cosas y voy a desayunar. No hay mucha gente en el comedor. Solo dos o tres mesas están ocupadas. Desayuno algo de fruta, tostadas con jamón y un café con leche grande.

¡Ya estoy lista para empezar!

En mi hotel tienen credenciales. El voluntario de Dublín me explicó que una credencial es un documento para coleccionar los sellos que necesito si quiero conseguir la Compostela.
La Compostela es un certificado de que has hecho al menos cien kilómetros a pie hasta Santiago por alguno de los Caminos oficiales.

El voluntario también me explicó que tengo que conseguir 2 sellos por día, porque voy a caminar los últimos cien kilómetros. Mi primer sello es del hotel.

También necesito la credencial con los sellos para poder dormir en los albergues de peregrinos.

Cerca del puerto encuentro la oficina de turismo, pero todavía está cerrada. El inicio del Camino Inglés está al lado. ¡Qué nervios! ¿Conseguiré terminar el Camino?

Veo las primeras flechas amarillas y empiezo a caminar. Es temprano. Casi todas las tiendas están cerradas y hay poca gente por las calles de Ferrol.

Hoy hago una etapa corta, hasta un pueblo que se llama Neda. Son unos quince o dieciséis kilómetros con poca dificultad y es casi imposible perderse:

por todas partes hay flechas amarillas, conchas de vieira y mojones marcando el camino.

Me gusta mucho esta etapa porque el Camino va cerca del mar.

Vocabulario

recojo (recoger) I pick up
desayunar to have breakfast
temprano early
estoy listo/a I'm ready
(el) pueblo small town
(el) mojón stone marker

10 Neda

El albergue de Neda está frente al río, rodeado de una zona verde muy agradable.
No se puede reservar, así que voy a preguntar si tienen sitio.

—Hola, buenas tardes. ¿Hay camas libres?
—Hola, bienvenida. Sí. Llegas temprano. Casi todas las literas están libres. ¿Tienes credencial?
—Sí, aquí está.
—Necesito también tu pasaporte o DNI.

Después de anotar mis datos, la hospitalera me acompaña a la habitación.

—Puedes elegir la litera que quieras, excepto esas dos, que están ocupadas. Las duchas están por allí.

Tenemos cocina con nevera y microondas, pero no hay utensilios. Si necesitas lavar ropa, tenemos lavadero, lavadora y tendedero.

La hospitalera se llama Carmen y me da también información sobre el pueblo: dónde puedo comer, dónde hay supermercados, qué ver...

Decido ir a comer antes de ducharme y descansar. Cerca del albergue encuentro un bar que tiene menú del día y entro. El menú cuesta nueve euros y tiene dos opciones a elegir para cada plato.

De primero tomo una crema de calabacín y de segundo, unos calamares a la romana con patatas fritas y ensalada.
En el Camino de vuelta al albergue veo un monumento... ¡al pan!

Vocabulario

(el) DNI (documento nacional de identidad) ID card
(la) ropa clothes
elegir to choose
(la) nevera fridge
(el) calabacín courgette

11 Conociendo gente

Después de ducharme, lavar la ropa y descansar, veo que hay más peregrinos en el albergue. Pero todavía quedan camas libres.
¿Dónde estaba esta gente durante la mañana? No he visto a nadie mientras caminaba.

Me conecto a internet y envío un mensaje a mi familia. Estaban un poco preocupados por mí y quiero que sepan que estoy bien.

Más tarde voy con unos peregrinos del albergue a tomar algo. Somos cuatro. Los otros tres son españoles: una pareja de Toledo y un chico de mi edad más o menos. Es de Ferrol pero es la primera vez que hace el Camino Inglés.

El matrimonio, Luis y Victoria, se conocieron haciendo el Camino Francés hace más de diez años. Se casaron un año más tarde y desde entonces hacen el Camino casi todos los años. Este es su décimo Camino. Han hecho el Francés varias veces, también el Portugués y partes de la Vía de la Plata.

Iago, el chico de Ferrol, ha hecho el Camino Francés una vez desde O Cebreiro. Esta vez ha empezado el Camino desde su casa, como en el pasado.

Duermo mal otra vez. Esta vez no estoy nerviosa, pero es extraño dormir en una habitación con tanta gente desconocida. Uno se levanta en mitad de la noche para ir al baño, otro ronca, otro da muchas vueltas en la cama... Por eso me levanto temprano, recojo mis cosas y me voy.

El bar donde comí ayer está abierto, así que entro para desayunar. Tienen huevos y beicon, pero no suelo tener mucha hambre por las mañanas. Además, prefiero tomar algo rápido y empezar a caminar cuanto antes.

Vocabulario

(la) gente people
(la) edad age
décimo tenth
dar vueltas turn around
cuanto antes as soon as possible

12 ¿Qué vas a tomar?

La etapa de hoy no va tan cerca del mar, pero todavía se puede ver desde algunos lugares. Hay un poco de niebla a primera hora de la mañana. Pero un par de horas más tarde, el cielo está despejado.

Es una etapa corta, de quince o dieciséis kilómetros, como ayer. No es tan llana. Hay algunas subidas y bajadas, pero no son difíciles.

Aunque la etapa no es larga, estoy cansada porque llevo varias noches sin dormir bien. Por eso decido buscar un hostal y no quedarme en el albergue de peregrinos. Necesito descansar.

Pregunto en un hostal que también tiene restaurante. Tienen habitaciones individuales con baño. ¡Perfecto! Dejo mi mochila en la habitación y bajo a comer.

—Tenemos menú del día, también tenemos tapas y raciones. O si lo prefieres, te puedo traer la carta —me dice la dueña.

—¿Cuál es el menú del día?

—De primero, tenemos caldo gallego, croquetas o ensalada mixta. De segundo hay pollo asado con patatas o merluza a la gallega.

—Vale, pues de primero voy a tomar caldo gallego y de segundo... ¿qué es merluza? —pregunto.

—Es un pescado —me explica la dueña, que no sabe nada de inglés.

—Vale, pues de segundo, la merluza.

—¿Para beber?

—Agua sin gas, por favor.

La comida está buenísima y además este menú también incluye postre. ¡Qué bien! De postre tomo un flan y para terminar, un café con leche.

Después de comer subo a mi habitación para ducharme y descansar antes de salir a visitar Pontedeume. Parece un pueblo interesante.

Vocabulario

despejado clear
(la) niebla fog
subo (subir) I go up
bajo (bajar) I go down
(la) merluza hake

13 Pontedeume

Pontedeume es un pueblo medieval con mucha historia. Visito la torre de los Andrade y la iglesia de Santiago. Desde lo alto de la torre hay unas vistas fantásticas del puente y la ría.

Hace buen tiempo y decido ir hasta la playa, al otro lado del puente. Me descalzo y me siento en la arena a disfrutar del sol y del sonido del agua. Es muy relajante.

Hay bastante gente en la playa y algunos están nadando. No tengo bañador pero siento curiosidad por probar el agua. Voy hasta la orilla y meto los pies en el agua. ¡Oh, está fría!

De repente oigo que alguien dice mi nombre. No es posible. No conozco a nadie en este pueblo. Seguramente llaman a otra Emma.

Veo también que uno de los nadadores me saluda desde el agua con el brazo. Esta persona se acerca y entonces lo reconozco: es Iago, el chico de Ferrol que conocí ayer en Neda.

—Hola, Emma. ¡Qué suerte que te encuentro! No te he visto en el albergue y no sabía cómo localizarte —dice.

—¿Localizarme? ¿Para qué?

—Es que esta mañana, antes de salir del albergue, he visto un cargador de móvil junto a tu litera. Creo que es tuyo. Lo tengo en mi mochila. Esperaba verte en la etapa de hoy o en el albergue y dártelo.

—¿Mi cargador? ¿En el albergue? —digo sorprendida. —La verdad es que no sé si he perdido mi cargador o no. Todavía no he cargado el móvil hoy.

Le explico que estoy en un hostal porque necesito descansar. Charlamos un rato más.

Antes de volver al hostal nos damos los números de teléfono. Si mi cargador no está, puedo avisar a Iago.

Vocabulario

(el) puente bridge
nadando (nadar) swimming
(el) cargador charger
he perdido (perder) I have lost
charlamos (charlar) we chat

14 El cargador

Lo primero que hago al llegar a mi habitación es buscar el cargador del móvil. ¡No está! Le envío un mensaje a Iago y quedamos a las 20:30. Nos vemos en una plaza donde hay muchos bares y restaurantes con terrazas. Es temprano para cenar en España, pero hay mucha gente tomando algo.

Iago me enseña el cargador que encontró en Neda. Es el mío. Lo reconozco porque le he puesto una cinta de color amarillo. ¡Qué suerte he tenido!
—Muchas gracias, Iago. Déjame que te invite a tomar algo, ¿vale?
—No hay de qué. Y no hace falta que me invites, pero sí que me apetece tomar algo. Mira, ahí hay una mesa libre. ¿Nos sentamos?

Pedimos unas cervezas y algo de picar también. Hablamos de la etapa de hoy... y de la de mañana, que es un poco más larga. Mañana vamos hasta Betanzos, que está a unos 21km.

La parte más difícil de la etapa está al principio: es la salida de Pontedeume. Una subida larga y pronunciada.

Los dos estamos un poco cansados de caminar solos, sin ver a otros peregrinos en todo el día y decidimos quedar para desayunar y salir juntos por la mañana.

Esta noche por fin duermo bien. Ya no estoy nerviosa y mi habitación es muy tranquila, sin ruidos, ronquidos ni gente moviéndose.

Me siento muy descansada cuando me despierto. Recojo mis cosas, compruebo que no me olvido de nada (incluido el cargador del móvil) y salgo para desayunar con Iago. Empieza mi tercer día en el Camino.

Vocabulario

envío (enviar) I send
(la) cinta tape
algo de picar a bite, a snack
(la) subida ascent, incline
(el) ronquido snore

15 De Pontedeume a Betanzos

Hay una cafetería que abre muy temprano por las mañanas. He quedado allí con Iago. Cuando llego, ya está dentro cogiendo una mesa y un par de sillas. Desayunamos y salimos.

Antes de salir del pueblo el Camino empieza a subir y subir y subir. ¡Uf! ¿Cuándo se va a terminar esta cuesta?

Por fin dejamos de subir. Giramos a la izquierda por un camino de tierra que va entre árboles. Está saliendo el sol. Los pájaros cantan. ¡Qué bonito!

Ahora que el Camino es más llano, Iago y yo podemos hablar.

Hablamos un poco de todo: de nuestras vidas, nuestros trabajos, nuestras familias.... La conversación fluye de forma natural.

Mi español no es perfecto, pero no importa. A veces Iago me ayuda si no sé alguna palabra y otras veces nos reímos de mis errores. Lo importante es que hablamos, nos conocemos mejor, conectamos.

En Miño, a mitad de etapa, paramos para descansar y tomar algo. Hay varios bares y cafeterías abiertos. También veo un supermercado, un cajero y otras tiendas. Iago no necesita nada pero yo quiero comprar algo de fruta. Entro en el supermercado, busco la sección de frutería y elijo dos plátanos y dos manzanas. Voy a la caja, pago y salgo.

Iago está en una terraza enfrente del supermercado. Cruzo la calle y me siento con él.

Iago pide una clara de limón, pero yo veo que tienen chocolate. ¡Mmm! Me encanta el chocolate y creo que una taza de chocolate con churros es justo lo que necesito para recuperar energías después de las subidas y bajadas del día.

Al salir de Miño pasamos por una playa muy bonita. Nuestro plan es caminar hasta Betanzos hoy, pero pienso que Miño sería un buen sitio para pasar una o dos noches. La etapa de hoy es más larga que las anteriores y ya tengo ganas de llegar a Betanzos.

Vocabulario

(el) árbol tree
(el) pájaro bird
(el) cajero (automático) ATM
(la) caja till, cash register

16 Betanzos

¡Por fin, Betanzos!

Cruzamos un puente y después tenemos que pasar bajo un arco para llegar al centro del pueblo.

Estoy muy contenta porque ya casi estamos. Y de repente... ¡oh, no! Quiero sentarme en el suelo y llorar. La calle que hay después del arco es muy empinada. Ya he subido bastantes cuestas hoy y estoy cansada.

—¡Ánimo! ¡Ya falta poco! ¡Tú puedes! —me anima Iago.

Al final, no es tan difícil...

Buscamos el albergue, conseguimos un par de literas y nos vamos a buscar un lugar para comer, siguiendo los horarios españoles. A las 15:30 o 16:00 las cocinas de los restaurantes cierran y es casi imposible conseguir una comida caliente hasta la hora de la cena, después de las 20:30.

—La tortilla de Betanzos es famosa —dice Iago.
—Ha ganado muchos premios a la mejor tortilla de España. ¿Te apetece probarla?
—Sí, claro. ¡Vamos!

Después de comer volvemos al albergue. Hay alguna gente más que antes, pero todavía quedan literas libres. Después de ducharme y descansar un par de horas, salgo a ver un poco de Betanzos. He leído algo sobre un lugar llamado Parque do Pasatempo, pero no consigo encontrarlo.

—¡Disculpe! ¿Para ir al parque do Pasatempo? —le pregunto a una señora que pasa por la calle.
—Sí, mira. Tienes que ir hasta el final de esta calle. Allí giras a la izquierda, sigues todo recto hasta

llegar a una plaza. A la derecha verás un puente. Lo cruzas, sigues todo recto y el parque está al fondo.

—¿Está muy lejos?

—No, a unos cinco minutos.

—Gracias.

Sigo las indicaciones y lo encuentro. Solo queda una pequeña parte del parque original y no está en muy buen estado, pero aun así es bonito. Debió de ser espectacular en el pasado. ¡Qué pena!

Vocabulario

(el) arco arch
llorar to cry
empinado/a steep
buscamos (buscar) we look for
izquierda left

17 De Betanzos a Hospital de Bruma

Hoy tenemos una etapa bastante larga. Son unos 28 km y según mi guía apenas hay sitios donde parar para tomar algo. Solo espero que no haya muchas subidas. Ayer tuve suficiente.

La guía tiene razón: salimos de Betanzos y vamos caminando por lugares bastante solitarios. De vez en cuando pasamos por alguna aldea muy pequeña: una iglesia con su cementerio y tres o cuatro casas más. Eso es todo.

Al menos, el Camino es bastante llano y avanzamos rápido.

—Oye, Iago, ¿qué es eso?—pregunto. Me refiero a unas construcciones extrañas que están por todas partes. Son rectangulares y están sobre pilares.

—Se llaman hórreos —me explica Iago. —Sirven para guardar el maíz y otros alimentos. Están levantados del suelo para evitar la humedad y los ratones. Son muy habituales en Galicia.

Por fin llegamos al único lugar donde parar. ¡Guau! Es un sitio precioso. El interior parece un museo y también tiene mesas fuera, en un jardín muy agradable. Allí veo una bandera de Irlanda. Supongo que la ha dejado ahí algún peregrino irlandés, pero yo de momento no he visto a ninguno.

Pedimos y nos sentamos fuera.

Me duele un poco el pie derecho. Me descalzo y echo un vistazo. ¡Oh, no! Tengo una ampolla en el dedo meñique, el más pequeño. Por suerte tengo algunas tiritas en mi mochila. Espero poder llegar a Hospital de Bruma sin problemas.

Después de la pausa para tomar un café con leche y un bocadillo seguimos nuestro camino.

Pasamos por unas zonas de bosque muy bonitas, rodeados de árboles y otras plantas por todas partes, con el sonido de los pájaros de fondo. ¡Ah, qué maravilla! Es muy relajante y perfecto para olvidarse de los problemas y para pensar en tus cosas.

Por fin llegamos a Hospital de Bruma. Vamos al albergue y...¡está completo!

Vocabulario

según according to
suficiente enough
el único lugar the only place
me descalzo (descalzarse) I take off my shoes
echo un vistazo (echar) I have a look, take a look

18 De Hospital de Bruma a Sigüeiro

¿Y ahora? Aquí no hay nada más. Buscamos en internet y encontramos un hotel a un par de kilómetros del Camino. Iago llama para preguntar si tienen habitaciones libres...

¡Sí! Tienen habitaciones y además envían a una persona en coche para recogernos. ¡Qué bien!

Dejamos las mochilas en nuestras habitaciones y bajamos al restaurante del hotel para comer. Allí están... ¡Victoria y Luis! La pareja de Toledo.

Están terminando de comer, pero quedamos para vernos más tarde en el bar del hotel. Después de una buena ducha y una siesta.

No hay nada que ver cerca del hotel, así que aprovecho la tarde para descansar y escribir en mi diario.

A la mañana siguiente, después de un buen desayuno, salimos todos juntos hacia Sigüeiro.

Hay bastante niebla. La predicción del tiempo no es muy buena para hoy. Hay una probabilidad alta de lluvia, pero no me preocupa. Estoy acostumbrada a la lluvia.

Una hora más tarde la niebla desaparece, pero es un día nublado, gris.
Hoy no hablamos mucho. Vamos todos caminando en silencio, concentrados en nuestros pensamientos. Pasamos casas, bosques... ¡incluso un dinosaurio!

De repente, oigo un grito. ¿Qué pasa?

Estaba tan distraída disfrutando de la naturaleza que no he visto que Iago ha tropezado con una raíz de un árbol y se ha caído.

—¿Estás bien? —le pregunto mientras le ayudo a levantarse.

—Creo que sí.

—¿Puedes andar?

Los pies y los tobillos están bien. Las rodillas están un poco doloridas pero bien. Sí, Iago puede seguir caminando. No se ha roto ni torcido nada.

Lo peor son las manos. Están llenas de heridas. Las lavamos lo mejor que podemos y seguimos hasta Sigüeiro, donde hay médicos y farmacias.

Vocabulario

nublado cloudy
(el) tobillo ankle
(la) rodilla knee
roto broken
torcido twisted
(la) herida wound
(la) raíz root

19 Por fin... Santiago

Luis y Victoria tienen una habitación reservada. Iago y yo, no.

Buscamos un albergue donde pasar la noche y después Iago busca una farmacia donde comprar algo para sus manos.

La farmacéutica cree que las heridas no son profundas y que Iago no necesita ir al médico. Le recomienda una pomada.

El día siguiente es nuestro último día. ¡No me lo puedo creer! Casi lo he conseguido.

Cuando salimos por la mañana el suelo está mojado. Ha llovido por la noche pero ahora no llueve. Hay algunas nubes.

La etapa de hoy es corta, son solo dieciséis kilómetros, y no parece difícil. Seguro que llegamos muy rápido.

Caminamos y caminamos, pero los kilómetros parecen más largos que de costumbre. ¿Seguro que son solo dieciséis?

Después de un par de horas, paramos para tomar algo. Enciendo el móvil y no para de sonar.
—¡Cuántas notificaciones! ¿Todo bien?—me preguntan.
—Sí, sí. Todo perfecto. Es que hoy es mi cumpleaños. Son mensajes de mis amigos y mi familia para felicitarme.
—¡Felicidades! Tenemos que celebrar al llegar a Santiago.

Después del café, seguimos nuestro camino y finalmente veo una señal que dice 'Santiago 2km'.

¡Qué emoción! Estoy a punto de llegar. Pero camino y camino y... ¿dónde está Santiago?
Son los dos kilómetros más largos que he hecho en mi vida.

Y de repente, ¡ahí está! Ya estamos en la ciudad, cada vez más cerca de la catedral.
Una parte de mí quiere llegar, terminar el Camino. Pero otra parte se siente triste y no quiere que el Camino se acabe.

Vocabulario

(el) suelo floor, ground
(la) pomada medicated cream
estoy a punto de (estar) I'm about to
de repente suddenly
triste sad

20 Santiago de Compostela

Ya casi estamos en la plaza del Obradoiro. Se oye música de gaitas; es todo muy emocionante. La plaza es enorme y la catedral es espectacular, pero los otros tres edificios que rodean la plaza también son impresionantes.

Llego al centro de la plaza y durante unos segundos me quedo como paralizada, sin saber cómo reaccionar. Luego, de repente, empiezo a llorar.

Son muchas las emociones que siento: cansancio, después de una semana caminando; alegría y satisfacción porque he conseguido llegar a Santiago; tristeza porque se ha terminado esta aventura tan maravillosa; y un poco de miedo y confusión también porque sé que tengo que tomar decisiones importantes sobre mi vida.

Creo que Iago también está un poco emocionado. También Luis y Victoria, aunque ya han hecho el Camino muchas veces.

Nos abrazamos y nos sentamos en el suelo. Nos quedamos un buen rato en silencio, mirando la catedral, sintiendo mil emociones diferentes.

Por fin nos levantamos. Yo quiero ir a la oficina del peregrino para pedir mi Compostela. Iago también. A Felipe y Victoria no les interesa tener una Compostela más y se van hacia la catedral. Quieren asistir a la misa del peregrino.

La cola en la oficina del peregrino no es muy larga y en poco tiempo conseguimos nuestras

Compostelas. Todavía estamos a tiempo de llegar a la misa del peregrino.

La catedral es espectacular. Me siento en un banco y empiezo a llorar. No puedo evitarlo. Demasiadas emociones. Siento alegría porque he conseguido llegar a Santiago.

También siento tristeza porque esta aventura se ha terminado. Tengo miedo por las decisiones importantes que debo tomar en mi vida. Me da pena despedirme de mis nuevos amigos, pero tengo esperanzas de volverlos a ver en el futuro. ¿En otro Camino? Tal vez...

Vocabulario

(la) gaita bagpipe
(el) cansancio tiredness
(el) miedo fear
nos abrazamos (abrazarse) we hug each other
(la) cola queue

Glosario

¡No importa! it doesn't matter (2)
algo para picar a bite, a snack (14)
alojamiento (el) accommodation (7)
árbol (el) tree (15)
arco (el) arch (16)
asiento (el) seat (6)
bajo (bajar) I go down (12)
billete (el) ticket. In a different context, also bank note (5)
buscamos (buscar) we look for (16)
caja (la) till, cash register (15)
cajero (automático) (el) ATM (15)
calabacín (el) courgette, zucchini (10)
cansancio (el) tiredness (20)
cargador (el) charger (13)
casado/a married (1)
casi almost (1)
charlamos (charlar) we chat (13)
cinta (la) tape (14)
ciudad (la) city (1)
cola (la) queue (20)
compartir to share (7)

compruebo (comprobar) I check (6)
consejo (el) advice (3)
corto/a short (4)
cuanto antes as soon as possible (11)
cumpleaños (el) birthday (5)
dar vueltas turn around (11)
de ida y vuelta return (5)
de repente suddenly (19)
décimo/a tenth (11)
demasiado (+adjective) too (+noun) too much, too many (3)
desayunar to have breakfast (9)
despacio slowly (4)
despejado clear (12)
DNI (el) (documento nacional de identidad) ID card (10)
echo un vistazo (echar) I have a look, take a look (17)
edad (la) age (11)
el único lugar the only place (17)
elegir to choose (10)
empinado/a steep (16)
empresa (la) company (7)
en barco by boat (2)
entrenar to train (3)
envío (enviar) I send (14)
escaleras (las) stairs (8)

estirar to stretch (8)
estoy a punto de (estar) I'm about to (19)
estoy listo/a I'm ready (9)
etapa (la) stage (4)
gaita (la) bagpipe (20)
gente (la) people (11)
he descubierto (descubrir) I have found out (2)
he perdido (perder) I have lost (13)
herida (la) wound (18)
inicio (el) start, beginning (8)
intento (intentar) I try (3)
izquierda left (16)
largo/a long (4)
lejos far (3)
llave (la) key (8)
llorar to cry (16)
me descalzo (descalzarse) I take off my shoes (17)
me pongo nerviosa I get nervous (7)
mejor better (1)
merluza (la) hake (12)
miedo (el) fear (20)
mojón (el) stone marker (9)
motivo (el) reason (5)
nadando (nadar) swimming (13)
nevera (la) fridge (10)
niebla (la) fog (12)

no me he presentado (presentarse) I haven't introduced myself (1)

nos abrazamos (abrazarse) we hug each other (20)

nos despedimos (despedirse) we say goodbye (7)

nublado cloudy (18)

pájaro (el) bird (15)

pantalla (la) screen (6)

parece (parecer) it seems, it looks like (1)

pasillo (el) corridor (8)

pesado/a heavy (3)

pomada (la) medicated cream (19)

por fin finally (7)

pregunta (la) question (2)

pueblo (el) small town (9)

puente (el) bridge (13)

raíz (la) root (18)

recojo (recoger) I pick up (9)

rodilla (la) knee (18)

ronquido (el) snore (14)

ropa (la) clothes (10)

roto/a broken (18)

según according to (17)

seguro/a safe (2)

soltero/a single (1)

subida (la) ascent, incline (14)

subo (subir) to go up to go up (12)

suelo (el) floor, ground (19)
suficiente enough (17)
tarjeta de embarque (la) boarding pass (6)
temprano early (9)
tengo prisa I'm in a hurry (4)
tercer third (6)
tobillo (el) ankle (18)
torcido/a twisted (18)
triste sad (19)
útil useful (2)
varios several (4)
vuelo (el) flight (5)

Notas

Agradecimientos

Quiero dar las gracias a todas las personas que han contribuido de alguna forma a la creación de este libro:

A Tola, por su apoyo constante y su crítica siempre constructiva.
A Vickie, por su apoyo, ayuda y sugerencias... y por las risas.
A Vicky, por el empujón que necesitaba para empezar a escribir esta historia.
A Jenny y Andy, por sus sugerencias para mejorar el texto.
A 'la Tribu', por animarme y obligarme a terminar el libro y por sus ideas.
A todos los amigos y seguidores de mi blog que me han animado a seguir escribiendo en los momentos de dudas.

About the author

María Seco is a Spanish teacher who lives on the Camino Portugués.
When she's not walking the Camino, she helps other pilgrims learn the Spanish they need for their walk across Spain.
María believes that walking into a café, joining a local festival and chatting with people, understanding what's going on, feeling connected... will help you enjoy a richer, more meaningful Camino.

And she helps you learn the Spanish language and culture you need to make the Camino a truly transforming experience.

www.spanishforcamino.com

Made in the USA
Middletown, DE
24 February 2023

25507560R00050